Gisels Lieblingsrezepte
ohne Diät abnehmen

Dieses Buch widme ich meiner Schwester Gabriele.

Gisela Kurfürst-Meins

Gisels Lieblingsrezepte

ohne Diät abnehmen

Bibliografische Information der Deutschen Nationalbibliothek:
Die Deutsche Nationalbibliothek verzeichnet diese Publikation in der
Deutschen Nationalbibliografie; detaillierte bibliografische Daten sind
im Internet über http://dnb.dnb.de abrufbar.

© 2013 Gisela Kurfürst-Meins; *(http://giselakurfuerstmeins.de.tl)*

6. Auflage 2013

Illustration: **Gisela Kurfürst-Meins**

Herstellung und Verlag: BoD – Books on Demand, Norderstedt

ISBN: 978-3-8482-5645-7

Inhaltsverzeichnis

Einleitung

In jungen Jahren war ich sehr schlank. Dann kamen die Wechseljahre und ich habe kontinuierlich zugenommen. Deshalb reifte in mir die Idee, ein eigenes Ernährungsprogramm zu konzipieren. Und siehe da! Mit diesen Rezepten klappte das Abnehmen vorzüglich.

Man sucht sich jeden Tag ein Frühstück, Mittags- und Abendrezept aus. Wichtig ist, dass es nur drei Mahlzeiten sind, die man isst. Die Abstände zwischen dem Essen betragen 4-5 Stunden.

Zum Frühstück gibt es Brot, Aufschnitt, eine Milchmahlzeit, viel Gemüse und Obst. Mittags isst man eine warme Mahlzeit aus Eiweiß und Kohlehydrate, auch wieder mit viel rohem Gemüse zum Abschluss.

Am Abend isst man eine Mahlzeit ohne Kohlehydrate. Die Mittagsmahlzeiten kann man alle auch abends essen, man sollte nur die Kohlehydrate weglassen.

Ob ein schmackhafter Salat oder eine deftige Suppe, ob ein guter Braten oder ein süßes Dessert, egal was man isst, nur fettarm muss es sein.

Großer Vorteil: Das lästige Kalorienzählen entfällt. Ich habe immer mindestens 2,5 Liter meistens Wasser und ungesüßten Tee am Tag getrunken.

Wenn nicht anders angegeben, sind alle Gerichte für 1 Portion berechnet.
Viel Spaß beim Nachkochen und verlieren Sie so viele Kilos wie Sie möchten.

Viel Erfolg!

Frühstücksvarianten

3-Minuten-Brot

1 Würfel Hefe
450 ml Wasser, lauwarmes
500 g Dinkelmehl Typ 630
(es kann auch Vollkorn Mehl verwendet werden, dann bitte 1/3 durch Vollkorn Mehl ersetzen)
50 g Sonnenblumenkerne
50 g Sesam
50 g Leinsamen
oder geröstete Zwiebeln
oder Kräuter der Provence
oder italienische Kräuter
oder die süße Variante mit Mandeln und Rosinen
2 TL Salz
2 EL Essig (Obstessig) oder Brottrunk

Hefe mit dem Wasser verrühren. Alle anderen Zutaten zufügen und gut verarbeiten.

Eine Kastenform mit Backpapier auslegen, den Teig einfüllen und in den kalten Backofen stellen.

DAS BROT NICHT GEHEN LASSEN!

Backen: Backen 60 Min bei 200°

Ober/Unterhitze, oder 50 Min bei 170° Heißluft

Das Brot kann wunderbar mit dem Backpapier aus der Form gelöst werden, evtl. 10 Minuten nachbacken lassen.

Körner können weggelassen oder ausgetauscht werden (Rosinen, Mandeln, Nüsse).

Auch für Hefeteig-Einsteiger super geeignet.

Apfel-Cornflakes-Brot

Rezept für eine normale Kastenform:

300 g Dinkelmehl
100 g Dinkel Flaks
50 g Rosinen
4 mittelgroße Äpfel
1 Handvoll Haferflocken (kernig)
1 Päckchen Backpulver
100 ml Wasser
Agavendicksaft (ca. 50 ml)
Zimt

Äpfel grob raspeln oder in kleine Stücke schneiden
Alle Zutaten mit dem Knethacken gut vermischen.
Die Kastenform mit Backpapier auslegen, das erleichtert danach das Herausnehmen und das Saubermachen, das Einfetten der Form entfällt. Ich nehme immer eine Silikonbackform.

Den Teig in die Kastenform geben.

Backofen: 200° - 75 Minuten
(ich habe das Brot noch ein paar Minuten im ausgestellten Backofen stehen lassen)

Sehr lecker, es ist ein Zwischending zwischen Kuchen und Brot. Man kann es auch wunderbar für ein süßes Frühstück nehmen.

Brot mit Geflügelwurst

2 Scheiben Vollkornbrot ca. 60 g
10 g Butter
2 Scheiben magere Geflügelwurst ca. 40 g
100 g Hüttenkäse
50 g grüne Gurke
2 Tomaten
1 Paprikaschote
1 Mandarine oder anderes Obst

Brot mit Butter beschmieren und mit Geflügelwurst belegen.
Dazu gibt es Hüttenkäse, Gemüse und Obst.

Brötchen mit Käse

1 Vollkorn-oder Roggenbrötchen
10 g Butter
1 Scheibe Käse höchstens 45 %
1 Ei
50 g grüne Gurke
2 Tomaten
1 Paprikaschote
1 Mandarine oder anderes Obst

Brot mit Butter beschmieren und mit Käse belegen.
Dazu gibt es das Ei, Gemüse und Obst.

Das Frühstück kann man mit verschiedenen magerem Aufschnitt, Käse und Gemüse variieren.

Müsli

300 g Haferflocken, kernige
300 g Haferflocken, zart
300 g Hirseflocken
200 g Haselnüsse, gehackt
300 g Rosinen
200 g Backpflaumen
200 g Aprikosen, getrocknet
200 g Feigen, getrocknet

Diese Mischung ergibt 20 Portionen!

Backpflaumen, getrocknete Aprikosen, getrocknete Feigen in Würfel schneiden. Alle Zutaten mischen und in einem Glas oder einer Dose fest verschlossen aufbewahren.

Diese Mischung ist etwa ein Vierteljahr lang haltbar. Sie schmeckt am besten mit frischen Früchten der Saison ergänzt mit Milch, Joghurt, Buttermilch, Dickmilch, Quark, Kefir o.ä. - aber auch mit Fruchtsaft.
Man kann diese Mischung nach Belieben, Geschmack, Vorrat und Verträglichkeit gut variieren. Ich versuche dabei, zwischen der Summe des Flocken-Gewichtes und der Summe des Obst-Gewichtes ganz grob ein Verhältnis von 1:1 einzuhalten. Anstelle der Hafer- oder/und Hirseflocken

lassen sich auch Dinkel-, Weizen oder sonstige Flocken verwenden. Auch Cornflakes o.ä. kann man anteilsmäßig zugeben. Anstelle der oder auch zusätzlich zu den genannten Trockenfrüchten kann man auch anderes getrocknetes oder auch kandiertes Obst verwenden: getrocknete Pfirsiche, Korinthen, kandierte oder getrocknete Ananas, getrocknete Datteln, Bananenchips, getrocknete Cranberries, getrocknete Kirschen.

Anstelle der oder auch zusätzlich zu den genannten Haselnüssen passen auch andere Nüsse und Samen: Leinsamen, Kokoschips, Mandelblättchen, Sonnenblumenkerne und Kürbiskerne.

Mittagsvarianten

Gemüseeintopf mit Geflügelwürstchen

150 g verschiedenes Gemüse (z.B. Möhren, Broccoli, Erbsen, Bohnen, Sellerie usw.)
½ Liter Gemüsebrühe
Salz und Pfeffer
evtl. Flüssig Würze
1 TL Margarine
1 Geflügelwürstchen

Das Gemüse kleinschneiden und in der Margarine anbraten, dann die Gemüsebrühe dazu gießen und würzen. Das Würstchen in Scheiben schneiden und kurz bevor das Gemüse gar ist in die Suppe geben.

Dazu gibt es ein Vollkornbrötchen mit 1 TL Butter.

Gemüseeintopf mit Geflügelwürstchen

Kartoffelsuppe

150 g Kartoffeln
1 Stange Porree
½ Liter Gemüsebrühe
Salz und Pfeffer
1 Kabanossi

Die Kartoffeln in Würfel und den Porree in Scheiben schneiden.
Alles in einen Topf geben, Gemüsebrühe dazu und würzen. Kochen bis alles gar ist. Dann mit dem Wunderstab pürieren und in Scheiben geschnittene Kabanossi dazu geben und heiß werden lassen.
Mit etwas Petersilie servieren.

Dazu passt ein grüner Salat.

Kann auch mit anderem Gemüse gekocht werden, z. B. Möhren, Bohnen, Erbsen…

Gelbe Erbseneintopf

75 g trockene gelbe Erbsen am Vortag in ½
Liter Wasser eingeweicht
2 TL Instand Gemüsebrühe
2 rohe Kartoffeln gewürfelt
Suppengrün gewürfelt
50 g roher gewürfelter Schinken
1 Zwiebel
1 TL Margarine
Salz, Pfeffer
1 Geflügelwürstchen

Zwiebel würfeln und in der Margarine glasig
dünsten. Erbsen und das aufgefangene
Einweichwasser dazugeben, mit der Brühe,
Salz und Pfeffer würzen und ca.
1 Stunde köcheln lassen. Kartoffeln und
Suppengrün dazugeben und noch mal 20
Minuten weiter kochen.
Den gewürfelten Schinken ausbraten, das
Würstchen in Scheiben schneiden und zum
Schluss in die Suppe geben.

Linseneintopf

75 g trockene Linsen
Suppengrün gewürfelt
½ Liter Gemüsebrühe
2 rohe gewürfelte Kartoffeln
Salz Pfeffer
Zucker und Essig nach Geschmack
1 Kabanossi

Linsen in der Gemüsebrühe weich kochen, 20 Minuten vor Ende das gewürfelte Suppengrün und die Kartoffeln dazugeben, zu Ende kochen. Mit Salz, Pfeffer, Essig und Zucker abschmecken, die Kabanossi in der Suppe heiß werden lassen und dann servieren.

Grüne Bohneneintopf

Grüne Bohneneintopf

150 g grüne Bohnen
2 rohe Kartoffeln gewürfelt
½ Liter Gemüsebrühe
150 g Rinderhack
1 kleine Zwiebel
Bohnenkraut
Salz und Pfeffer
50 g Speck gewürfelt
3 EL Mehl
1 EL Essig

Aus dem Rinderhack, der Zwiebel, dem Salz und Pfeffer, kleine Bällchen formen.
Die Bohnen mit den Kartoffeln, dem Bohnenkraut und den Hackbällchen in der Gemüsebrühe weich garen und würzen.
Den Speck in kleine Würfel schneiden, in einer Pfanne auslassen und das Mehl anschwitzen.
Wenn das Mehl weiße Blasen wirft, ist die Einbrenne fertig. Alles zusammen in die heiße Suppe einrühren, einmal aufkochen lassen.

Wer mag, kann noch mit Essig nachwürzen.

Weißkohleintopf

für 4 Personen

1 kleiner Kopf Weißkohl
2 Liter Gemüsebrühe
250 g Schweinebauch
4 rohe Kartoffeln
50 g Margarine
4 EL Mehl
Salz, Pfeffer und Kümmel

Den Schweinebauch mit etwas Suppengrün, Salz und Pfeffer in der Gemüsebrühe ca. 1 Stunde weichkochen. In der Zwischenzeit den Weißkohl in Streifen schneiden und die Kartoffeln würfeln.
Wenn das Fleisch gar ist, herausnehmen und in Würfel schneiden. Alles in die Brühe geben, mit Salz, Pfeffer und Kümmel würzen.

Alles zusammen noch 20 Minuten köcheln lassen.
Die Margarine in einen Tiegel geben und schmelzen lassen, dazu das Mehl geben und unter Rühren ein paar Minuten heiß werden lassen. Die Mehlschwitze in den Eintopf rühren und kurz aufkochen lassen.

Dieses Gericht ist zwar nicht ganz so fettarm, aber für die kalte Jahreszeit gut geeignet.

Ich habe mir dann abends nur einen Salat gemacht.

Für Kohlrouladen nehme ich vom Weißkohlkopf immer 4 große Blätter.

Kohlrouladen

für 2 Personen

100 g Rinderhack
4 große Blätter Weißkohl
1 Zwiebel
2 EL Quark
Salz, Pfeffer, Paprikapulver, evtl. gemahlener Kümmel
2 TL Öl
¼ Liter Gemüsebrühe
1 Packung Bratensoße

Kohlblätter im heißem Salzwasser blanchieren und im Eiswasser abschrecken. Hack mit den Gewürzen, der gehackten Zwiebel und dem Quark vermengen. Portionsweise auf die Weißkohlblätter legen und zusammenrollen, mit Rouladen Nadeln feststecken.
Im heißen Öl von beiden Seiten scharf anbraten. Mit Brühe ablöschen und ca. 20 Minuten köcheln lassen. Zum Schluss das Soßenpulver einrühren und kurz aufkochen lassen, evtl. nachwürzen. Dann servieren!

Dazu passen 150 g Kartoffeln oder 30 g Reis je Person.

Kartoffelsalat mit Wiener Würstchen

150 g gekochte Kartoffeln
2 Gewürzgurken
1 kleine Zwiebel
2 EL Gurken Wasser
1 EL Salatcreme
1 EL Crème fraîche
Salz und Pfeffer
1 Geflügelwürstchen
1 Kleks Senf

Die Kartoffeln in Scheiben, die Gewürzgurken und die Zwiebel in Würfel schneiden. Mit dem Gurkenwasser den Gewürzen und der Salatcreme und Crème fraîche vermengen.
Mindestens 1 Stunde durchziehen lassen.
Das Würstchen heiß werden lassen und mit einem Kleks Senf auf einem Teller anrichten, den Kartoffelsalat dazu geben.

Leber mit Apfelstücken

150 g Geflügelleber
1 Zwiebel
Salz und Pfeffer
1 kleiner säuerlicher Apfel
1 TL Öl etwas Wasser (je nachdem wie viel man Soße haben möchte)

Die Leber in Stücke und die Zwiebel in Ringe schneiden. Den Apfel schälen und vom Kerngehäuse befreien, dann in kleine Würfel schneiden.
Das Öl erhitzen, die Leber und die Zwiebel gut anbraten, pfeffern, das Wasser und die Apfelstücke zugeben. Alles zusammen ca. 30 Minuten schmoren lassen.
Zum Schluss salzen und anrichten.

Dazu passen Kartoffelmus und ein Tomatensalat.

Leichter Hackbraten

125 g Tatar
½ Stange Lauch
2 EL Magerquark
¼ EL Majoran
1 Kleine Zwiebel
1 TL Öl
1/8 Liter Gemüsebrühe
½ Packung Bratensoße

Tatar mit Quark, Majoran und den Gewürzen, sowie der gehackten Zwiebel vermischen. Lauch in Ringe schneiden und in siedendem Wasser blanchieren zu dem Tatar geben, alles gut durchkneten und zu einem Laib formen. In dem Öl von beiden Seiten anbraten, mit Brühe ablöschen, ca. 40 Min. garen, kurz vor Schluss das Soßenpulver einrühren.

Dazu gibt es 150 g Kartoffeln oder 30 g (ungekocht) Reis und einen Tomatensalat.

Tomatensalat

150 g Tomaten
1 kleine Zwiebel
1 EL dunkler Balsamico Essig
1 TL Olivenöl
1 TL Senf
1 EL Petersilie
Salz Pfeffer und etwas Zucker

Tomaten in Scheiben und Zwiebel in Würfel schneiden.
Mit den Gewürzen und der Petersilie vermengen.

Nudelsalat

2 Scheiben gekochter Schinken
1 Stück grüne Gurke
2 Tomaten
50 g Champignons
75 g Nudeln
Salz, Pfeffer
1 TL Öl
1 EL Zitronensaft
2 EL gehackte Petersilie

Schinken, Tomaten und grüne Gurke würfeln.
Die Champignons in Scheiben schneiden. Die
Nudeln in heißem Salzwasser gar kochen.
Alles vermischen und würzen.
Zum Schluss die Petersilie darüber streuen
und eine Weile ziehen lassen.

Eier in Senfsoße

3 Kartoffeln
Salz
2 Eier
1 EL Crème fràche
2 EL Senf
3 EL Wasser

Kartoffeln schälen und in Salzwasser gar kochen.
Die Eier wachsweich kochen. In einem Pfännchen
Crème fràche, Senf und Wasser verrühren und einmal aufkochen. Die Eier für 1 Minute dazugeben und mit den Kartoffeln anrichten.
Dazu passt ein Gurkensalat.

Gänsebrust

für 2 Personen

2 Gänsebrüste- oder Keulen
1 große Zwiebel
Majoran, Beifuß, Salz, Pfeffer
1 Liter Wasser
2 TL Mehl

Die Gänsebrüste waschen und rundherum mit Salz einreiben, pfeffern. Die Brüste in einen Bräter legen, Majoran und Beifuß einstreuen. Zwiebel schälen und in grobe Würfel schneiden um die Brüste verteilen. Das Wasser von der Seite einfüllen. Den Bräter in die vorgeheizte Backröhre schieben und bei 270° Ober- und Unterhitze, 30 Minuten braten lassen (damit das Fett aus den Poren kommt), dann die Temperatur auf 180° drehen und ca. 90 Minuten braten.
Abkühlen lassen und über Nacht in den Kühlschrank stellen.

Am anderen Tag die festgewordene Fettschicht vorsichtig lösen (kann man mit Schweineschmalz und ein paar Zutaten zu Gänsefett verarbeiten).

Die Gänsebrüste in den Deckel legen und im Backofen unter dem Grill von beiden Seiten knusprig braun werden lassen.

Die Soße in einen kleinen Tiegel umfüllen, heiß werden lassen und mit etwas Mehl andicken (Mehl in etwas Wasser einrühren).

Alles anrichten!

Dazu passen Klöße und Rotkohl.

Hähnchengulasch

150 g Hähnchenbrustfilet
1 ½ Paprikaschoten bunt
50 g Champignons
1 TL ÖL
1 EL Paprika- oder Tomatenmark
½ Zwiebel
125 ml Gemüsebrühe
½ Packung Bratensoßenpulver
Salz und Pfeffer
Etwas Paprikapulver edelsüß

Das Hähnchenfilet in Stücke, die Zwiebel in Ringe, die Paprikaschoten in Würfel und die Champignons in Scheiben schneiden. Das Öl in einer beschichteten Pfanne heiß werden lassen, darin das Fleisch braun anbraten, die Zwiebel und die Paprika dazugeben. Das Paprika Mark mit anrösten, dann mit Brühe ablöschen.   Die   Gewürze   zugeben.

Alles ca. 20 Min. auf kleiner Hitze schmoren. Dann die Champignons dazugeben und noch 10 Min. köcheln lassen. Kurz vor Schluss das Soßenpulver einrühren und 1 Min. aufkochen.

Wer   die   Paprikaschoten   noch   bissfest möchte, gibt sie 15 Min. später zum Fleisch.

Dazu gibt es 75 g Vollkornnudeln oder 150 g Kartoffeln und einen Gurkensalat.

Hähnchengulasch

Gurkensalat

150 g grüne Gurke
1 kleine Zwiebel
1 EL weißer Balsamico Essig
1 TL Öl
1 EL Dill
Salz, Pfeffer, etwas Zucker

Gurke in dünne Scheiben schneiden, Zwiebel
in Würfel, dann mit den Gewürzen und dem
Dill mischen und abschmecken.

Mediterranes Hähnchenbrustfilet

90 g Hähnchenbrustfilet
200 g Kartoffeln
1 TL Öl
25 g Oliven
1 Paprikaschote rot
1 Zwiebel
25 ml Tomatensaft
1 Knoblauchzehe
Chili- und Paprikapulver
Salz, Pfeffer
25 ml Gemüsebrühe
25 g TK Erbsen

Kartoffeln in Spalten schneiden, 1 TL Öl mit
Paprika, Chili und Meersalz mischen und die
Kartoffeln damit einpinseln.
Backofen auf 180 Grad (Heißluft) vorheizen
und die Kartoffelspalten auf ein mit Papier
ausgelegtes Backblech legen und im Ofen 25
bis   30   Minuten   backen.

Hähnchenbrust   würfeln,   2   Schalotten   in
Streifen   und   den   Knoblauch   in   Würfel
schneiden und in 1 TL Öl 5 Minuten anbraten
und dann mit Gemüsebrühe ablöschen. Alles
ca. 20 Minuten auf kleiner Hitze brutzeln
lassen, dann kurz vor Schluss die in Scheiben
geschnittenen   Oliven   dazugeben   und   mit

Salz, Pfeffer und Paprika würzen.

Die Paprika in Würfel und die restlichen 2 Schalotten in Streifen schneiden in etwas Wasser andünsten, den Tomatensaft zugießen und würzen, alles ca. 10 Minuten köcheln.
Kartoffeln, Fleisch und Gemüse auf einem Teller anrichten.

Dazu gibt es einen Paprikasalat.

Paprikasalat

150 g gemischte Paprika (rot, grün und gelb)
1 kleine Zwiebel
1 Knoblauchzehe
1 kleines Stück grüne Gurke
1 TL Öl
1 EL Essig
1 TL Senf
Salz, Pfeffer, etwas Zucker

Paprika, Knoblauch und Zwiebel würfeln, die Gurke mit Schale in Ringe schneiden.
Mit den Gewürzen vermengen. Wer mag, kann noch ein kleines Stück Schafskäse dazugeben.

Hühnerfrikassee

150 g Hähnchenbrustfilet
Curry
Saft von einer Orange
1 TL Öl
½ Tasse Wasser
1 gestrichener Teelöffel Mehl
1 EL saure Sahne
2 EL Erbsen

Fleisch mit Curry würzen und einige Stunden im Apfelsinensaft marinieren. Im heißen Fett von beiden Seiten anbraten, Wasser hinzugießen und salzen. Ca. 8 Minuten zugedeckt schmoren lassen. Aus der Soße nehmen und in Mundgerechte Stücke schneiden. Mehl mit der sauren Sahne verrühren und die Soße damit binden. Noch einmal abschmecken, bei Bedarf nachwürzen. Fleisch und Erbsen in die Soße geben.

Dazu passt Reis oder wenn es ein Abendessen sein soll, ein grüner Salat.

Leber in Gorgonzolasoße

150 g Geflügel- oder Kalbsleber
1 TL Öl
1 große Zwiebel
50 g Gorgonzola
150 ml Rama Cremefine
Salz, Pfeffer und Paprika edel süß
75 g rohe Vollkornnudeln

Nudeln in Salzwasser aldente kochen.
Das Öl in einer beschichteten Pfanne heiß
werden lassen. Die Leber in Stücke schneiden
und in dem Öl scharf anbraten, die in Ringe
geschnittene Zwiebel zugeben. Mit Pfeffer
und Paprika würzen. Den Gorgonzola
Stückchenweise dazu geben und schmelzen
lassen. Dann Cremefine einrühren, etwas
einkochen lassen. Dann alles ca. 20 Min
schmoren, zum Schluss salzen (bitte nicht
vorher, sonst wird die Leber hart).

Alles mit den Nudeln anrichten. Dazu gibt es
einen grünen Salat.

Leber in Gorgonzolasoße

Grüner Salat

grüner Salat nach Wahl
1 reife Nektarine
1 kleine Zwiebel
1 EL Petersilie
75 g Naturjoghurt
1 EL milder Obstessig, z. B. Apfel
1 TL Pflanzenöl
Salz bunter Pfeffer aus der Mühle
½ TL Zucker

Salat putzen, waschen und gut abtropfen lassen. In mundgerechte Stücke rupfen. Nektarinen und Zwiebel würfeln. Alle Zutaten in eine Salatschüssel geben und Petersilie zufügen. Für das Dressing Naturjoghurt, Essig und Öl verrühren. Mit Salz, Pfeffer und Zucker süß-sauer abschmecken. Dressing über den Salat geben und alles gut vermischen, kurz ziehen lassen und servieren.

Frikadellen

100 g Rinderhackfleisch
1 kleine Zwiebel
2 EL Magerquark
Salz, Pfeffer, Paprika
1 TL Öl

Aus Hack, gewürfelter Zwiebel, Quark und den Gewürzen einen Teig kneten.
2 Frikadellen formen und im heißen Öl von beiden Seiten scharf anbraten. Dann auf kleiner Hitze ca. 30 Min. schmoren lassen.

Dazu gibt es Meerrettich Kartoffelmus und einen Salat (egal welchen).

Meerrettich-Kartoffelmus

150 g frisch gekochte Kartoffeln
50 g Meerrettich aus dem Glas
etwas fettarme Milch
Salz und Pfeffer
1 TL Butter

Gekochte Kartoffeln stampfen mit Milch, Butter, Meerrettich und den Gewürzen verrühren und servieren.

Passt zu allen Fleisch und Eierspeisen, wo keine oder wenig Soße dabei ist.

Anstatt Meerrettich, nehme ich auch Porree, Möhren oder Champignons kleingeschnitten und gedünstet.

Bratwurst mit Sauerkraut

1 fettarme Bratwurst oder 3 kleine
Geflügelbratwürste
1 TL Öl
150 g Sauerkraut
30 g gewürfelter magerer roher Schinken
1 mittelgroße gewürfelte Zwiebel
etwas Streuwürze, Salz und Pfeffer

Den Schinken anbraten und das Sauerkraut
in den Topf geben, würzen.
Alles auf kleiner Hitze köcheln lassen bis das
Sauerkraut gar ist.

Dann vom Herd nehmen und die Zwiebel
dazugeben. Die Bratwurst im heißen Öl
braten. Dazu passt Meerrettichkartoffelmus.

Hacksteak

100 g Rinderhackfleisch
1 kleine Zwiebel
2 EL Magerquark
Salz, Pfeffer, Paprika
¼ Liter Gemüsebrühe
½ Packung Bratensoße
1 TL Senf
1 TL Öl

Aus Hack, gewürfelter Zwiebel, Quark und den Gewürzen einen Teig kneten. 2 Steaks formen und im heißen Öl von beiden Seiten scharf anbraten. Die Gemüsebrühe nach und nach zugießen. Dann auf kleiner Hitze ca. 20 Minuten köche n lassen. Die Bratensoße einrühren, kurz aufkochen lassen und servieren.
Dazu gibt es 150 g Kartoffeln und Rotkohl.

Rinderroulade

120 g Rinderroulade
Senf, Salz Pfeffer
2 Zwiebeln
1 Scheibe roher Schinken
1 Gewürzgurke
1 TL Öl
¼ Liter Gemüsebrühe
½ Packung Bratensoße

Die Roulade klopfen, Senf aufstreichen, salzen und pfeffern, die Scheibe rohen Schinken auflegen. Dann eine Zwiebel und Gurke in Streifen schneiden, auf die Roulade verteilen. Dann die Rinderroulade zusammenrollen und mit einer Rouladen Nadel feststecken. Im heißen Öl von beiden Seiten scharf anbraten. Dann die Gemüsebrühe nach und nach zugießen. Ca. 1 Stunde auf kleiner Hitze köcheln lassen. Wenn das Fleisch weich ist, die Bratensoße einrühren und aufkochen lassen.

Dazu gibt es bei mir 150 g Kartoffeln oder einen Kloß aus der Tiefkühltruhe und 150 g Rotkohl aus dem Glas.

Spinat mit Rührei

150 g gehackter Spinat aus der Tiefkühltruhe
1 EL Schmand
2 Eier
1 TL Öl
150 g Kartoffeln
etwas Selters
Salz und Pfeffer

Den Spinat mit etwas Wasser gar kochen,
Schmand und Gewürze zufügen.

Eier mit etwas Selters quirlen.
Öl in einer beschichteten Pfanne heiß werden
lassen und die Eier dazugeben, mit Salz und
Pfeffer würzen und stocken lassen.

Dazu gibt es 150 g gekochte Kartoffeln.

Kürbis-Porree-Quiche

für 4 Personen

4 Stangen Porree
1 kl. Hokaido-Kürbis
1 Gemüsezwiebel
1/2 Becher saure Sahne
250 g Magerquark
100 g geriebener Käse
1 EL Rapsöl
4 Eier
1 Pk. frischer Mürbeteig aus der Kühlung
(Lidl)
Salz, Pfeffer, Curry (reichlich), frische
Petersilie

Porree waschen, in ca. fingerdicke Scheiben schneiden. Kürbis halbieren, entkernen und würfeln. Gemüsezwiebel kleinschneiden und in einer Pfanne im Öl glasig dünsten. Porree und Kürbis dazugeben und ca. 5 Minuten mit dünsten.

Saure Sahne, Eier, Quark, Curry und geriebenen Käse zu einer Masse vermischen, evtl. noch etwas Wasser dazugeben. Es sollte eine schöne cremige Masse entstehen.

1 EL Öl in die Springform geben und gut verteilen.

Die Springform mit dem frischen Mürbeteig auslegen. Bitte recht hoch und die Ränder ein wenig umschlagen.

Das Gemüse in die Springform geben, die Quarkmasse darauf verteilen.

Backofen: 180° Umluft ca. 45 Minuten (es kommt nicht auf 5 Minuten mehr oder weniger an).

Tomatenfisch in Alufolie

Für 2 Personen

a 150 g Fischfilet, z.B. Scholle
2 mittelgroße Tomaten
1 EL Kräuter, fische, gehackt
1 Zehe Knoblauch, fein gehackt
2 TL Zitronensaft
4 TL Olivenöl
Salz
Pfeffer, schwarz, frisch gemahlen
Chiliflocken

Dieses Rezept soll nur eine grobe Richtung geben, denn der Fisch und die Kräuter sind wunderbar variierbar und es kann jedes Mal anders schmecken. Wie auch immer, es ist auf jeden Fall ein sehr gesundes und schnell zubereitetes Gericht. Die Tomate enthält Kalium, der Fisch Omega-3-Fettsäuren und Jod - wichtig für die Entschlackung und die Aktiv-Hormon-Produktion. Als fettarme Alternativen zur Scholle eignen sich besonders auch Kabeljau, Schellfisch und Hecht.

Backofen auf 200 °C vorheizen.

Schollenfilets waschen und trocken tupfen.

Mit Zitronensaft, Salz und Pfeffer würzen. Tomaten waschen, Stielansatz entfernen und quer in dicke Scheiben schneiden. Ein großes Stück Alufolie (ca. 44 x 44 cm) mit der Hälfte des Olivenöls bestreichen. Die Tomatenscheiben darauf verteilen, salzen, pfeffern, mit dem Knoblauch und den Kräutern bestreuen. Den Fisch darauf legen und mit dem restlichen Olivenöl beträufeln. Die Alufolie muss nun dicht verschlossen werden. Dazu die Seiten hochklappen, in der Mitte zusammenhalten und anfangen, die Alufolie eng zu falten, bis man auf den Fisch kommt. Die Vorder- und Hinterseite einschlagen und ebenfalls eng falten. Die Fischpäckchen auf ein Backblech legen und ca. 30 Minuten im Backofen garen. Wenn man die Alufolie vernünftig verschlossen hat, blasen sich die Päckchen nach ca. 25 Minuten auf. Der Fisch wird nun mit dem Dampf aus der Flüssigkeit der Tomaten und den ätherischen Ölen aus den Kräutern ca. 5 Minuten lang gegart. Diese 5 Minuten im "aufgeblähten" Zustand sollte man dem Fisch lassen, egal, ob sich die Päckchen nun nach 20 oder 30 Minuten aufblasen - das hängt stark vom Backofen, der Temperatur und der Päckchengröße ab.

Die Päckchen auf Teller legen und mit einer Schere so aufschneiden, dass der Inhalt aus der Alufolie gegessen werden kann.

Als Beilage passt gekochter Reis sehr gut (etwa 40 g ungekochten Reis pro Person einplanen). Diesen kann man mit in die Alufolie geben, denn gerade in der Flüssigkeit schmeckt er besonders leker. Baguette wäre auch möglich.

Als Kräuter bevorzuge ich etwas Basilikum, Oregano und Thymian. Letzterer darf eigentlich nicht fehlen. Auch Dill, Schnittlauch, Rosmarin und Salbei sind möglich, je nach Fisch und Geschmack.

Tipp:

Wenn man ein sehr dünnes Fischfilet - wie z. B. bei Scholle - hat, kann man auch gut Röllchen daraus machen, darin z. B. einen Zweig Thymian einlegen und mit Rouladen Nadeln befestigen, oder man bohrt mit einer Rouladen Nadel ein Loch vor und steckt einen Zweig Rosmarin hindurch. Hat man ein dickeres Filetstück, machen sich darauf ein paar frische Kräuter auch ganz gut. Diese sollten am besten noch am Zweig sein, denn sie lassen sich später leichter entfernen und sehen auch besser aus als einzelne Blättchen, die nach dem Dünsten eher "welk" aussehen.

Schweinebraten

für 4 Personen

1 Kg magerer Schweinebraten
1 Bund Suppengrün
2 EL Öl
2 Lorbeerblätter
3 EL Tomatenmark
750 ml Gemüsebrühe (3 TL Instantpulver)
Salz und Pfeffer

Schweinebraten mit Salz und Pfeffer würzen. Suppengrün putzen, Möhren und Sellerie in Würfel, den Lauch in Ringe schneiden.
Öl in einem Bräter erhitzen und alles darin ca. 8 Min. kräftig anbraten, Lorbeerblätter dazugeben.

Braten herausnehmen und Tomatenmark einrühren, kurz anrösten, mit Brühe ablöschen.
Alles anderthalbstunden, auf kleiner Stufe, köcheln lassen. Den Braten, die Lorbeerblätter und einige Gemüsestücke herausnehmen und den Rest pürieren, mit Salz und Pfeffer abschmecken. Den Braten in Scheiben schneiden und mit der Sauce und den Gemüsestücken servieren.

Dazu gibt es Kartoffeln.

Desserts zum Mittagsessen

Muffins

250 g Magerquark
4 Eier
1 Pkt. Backpulver oder Natron
200 g gemahlene Mandeln
100 ml Öl
Salz
Zimt
Agavendicksaft

Eier trennen. Eiweiß mit Salz steif schlagen. Eigelb, Öl und Salz ca. 2 Minuten schaumig schlagen.

Natron die gemahlenen Mandeln, Zimt und den Magerquark unterrühren. Agavendicksaft dazu geben, Eischnee vorsichtig unterheben.

Die Masse in Muffin Förmchen füllen. (Ich habe 20 Muffins aus der Masse bekommen).

Bei 180 ° C, mittlere Schiene ca. 30 Minuten backen.

Beeren-Quark-Dessert

für 2 Portionen

125 g Früchte z.B. Himbeeren, oder
gemischte Früchte
125 g Magerquark
Mineralwasser

Magerquark mit Mineralwasser cremig rühren
Die Früchte mit dem Stabmixer pürieren und
unterheben.

Haferflocken-Pfannkuchen

für 2 Portionen

1 Ei
100 g Dinkelmehl Typ 630
100 g Haferflocken optimal dinkelflocken
½ Becher Buttermilch
25 ml Mineralwasser
etwas Butter

Das Ei verquirlen. Das Mehl dazugeben und verrühren. Die Milch und anschließend die Haferflocken unterrühren. Zuletzt das Mineralwasser unterrühren und den Teig dann mindestens 15 Minuten ruhen lassen. Die Pfannkuchen nacheinander in etwas Butter ausbacken.

Die Pfannkuchen können süß mit Quark und Früchten oder Marmelade gegessen werden oder herzhaft mit Salat, Schinken, Käse oder Tomaten und Mozzarella.

Obstsalat

1 Apfel
50 g Weintrauben
½ Banane
1 Päckchen Vanillezucker
etwas Süßstoff

Den Apfel vom Kerngehäuse befreien, die Weintrauben halbieren und die Banane in Scheiben schneiden. Alles mit Süßstoff und Vanillezucker vermengen. Eventuell einen Kleks Sahne darauf geben.

Abendbrotvarianten

Bohnen-Lachs-Auflauf

für 2 Personen

150 TK Prinzessbohnen
pro Person 1 Stück Wildlachs ca. 125 g
2 rote Paprika
1 Gemüsezwiebel
1/4 Becher saure Sahne
50 ml Wasser
1 Ei
50 g geriebener Käse (Emmentaler)
etwas gekörnte Brühe
1 TL Senf
Pfeffer, Salz, frische Petersilie
1 frische Zitrone

Wildlachs auftauen, salzen, pfeffern und mit frischer Zitrone beträufeln.

Gemüsezwiebel würfeln und glasig dünsten. Paprika würfeln, Zwiebeln mit ein wenig Wasser ablöschen. Bohnen und Paprika dazu geben und solange dünsten, dass die Bohnen noch Biss behalten, ca. 5 Minuten. Mit gekörnter Brühe, Pfeffer und Salz würzen.

Aus saurer Sahne, Senf, Eier, geriebenen Käse eine Masse herstellen. Petersilie hacken und dazu geben.

Die Bohnenmasse in eine Auflaufform geben. Den Lachs auf die Bohnen geben und die Senfmasse gleichmäßig darüber verteilen.

Backofen: 180° bei ca. 45 - 50 Minuten

Gegrillter Feta mit viel Gemüse

100 g Feta-Käse oder Schafskäse
2 Tomaten
1 rote Paprikaschote
1 Zwiebel
1 TL Olivenöl
Knoblauch, Kräuter, italienisch,
Paprikapulver, Pfeffer, grob

1 Stücke Alufolie zum Einpacken des Käses bereit legen und den Boden mit Olivenöl dünn bestreichen.
Paprika der Länge nach halbieren, so dass 2 "Schiffchen" entstehen, entkernen und waschen und auf die Alufolie legen. Den Feta- oder Schafskäseblock grob gewürfelt in die Paprikaschiffchen legen und dann auf die Alufolien legen. Mit italienischen Kräutern, Paprikapulver, Knoblauch und Pfeffer würzen. Die Tomaten in Scheiben schneiden, Reste von der Paprika würfeln, die Gemüsezwiebel in Ringe schneiden und über den Käse geben, bis dieser mit einer ca. 1-2 cm dicken Schicht bedeckt ist. Der Saft des Gemüses zieht so wunderbar in den Feta ein. Die Menge an Tomaten, Paprika und Gemüsezwiebel kann problemlos nach Geschmack variiert werden.

Backofen auf Grill einstellen.
Sollte alles zu schnell braun werden, dann ein wenig mit Alufolie bedecken und kurz vor dem Ende die Alufolie abnehmen.

190° - 200° bei ca. 20 - 30 Minuten

Rindfleisch mit Gemüse

für 2 Personen

300 g mageres Rindfleisch
1 TL Öl
1 Zwiebel
1 Knoblauchzehe
375 ml Liter Fleisch-oder Gemüsebrühe
1 Lorbeerblatt
1 TL Thymian, Salz
100 g Lauch
100 g Sellerie
100 g Möhren
100 g grüne Bohnen

Das Fleisch in Würfel schneiden und in heißem Öl kräftig anbraten. Die Zwiebel und den Knoblauch klein schneiden und dazugeben.

Mit Brühe ablöschen, mit dem Lorbeerblatt, dem Thymian und Salz würzen und 40 Minuten kochen lassen.

Den Lauch, den Sellerie, die Möhren und die Bohnen putzen. Den Lauch in feine Ringe, den Sellerie und die Möhren in Scheiben schneiden. Die Bohnen ganz lassen.

Das Gemüse zum Fleisch geben und alles noch 15 Minuten garen.

Szegediner Gulasch

für 2 Personen

250 g mageres Schweinefleisch
1 kleine Zwiebel
1 TL Öl
2 EL Paprika Mark bzw. Tomatenmark
300 g Sauerkraut
50 ml Tomatensaft
Salz, Pfeffer
1 TL Paprika Pulver, mild

Das Schweinefleisch und die Zwiebel würfeln.

Beides in heißem Öl von allen Seiten scharf anbraten. Das Sauerkraut locker zupfen und dazugeben. Den Tomatensaft angießen.
Mit Tomatenmark, Salz, Pfeffer und Paprika würzen und 1 Stunde schmoren lassen.

T-Bone-Steak

für 2 Personen

1 T-Bone-Steak 400 g, ohne Fettrand
1 TL Öl
grobgemahlener bunter Pfeffer
Rosmarin
Salz
4 Tomaten

Das T-Boone-Steak mit Öl einreiben und mit Pfeffer und Rosmarin bestreuen. Etwa 1 Stunde lang ziehen lassen.

Das Fleisch zwischen 16 bis 20 Minuten unter einen vorgeheizten Grill schieben und einmal wenden oder von jeder Seite 5 bis 7 Minuten ohne Öl Zugabe in einer beschichteten Pfanne braten. (Die Grill- oder Brat Zeit richtet sich danach, ob Sie das Fleisch blutig, rosig oder durchgebraten haben wollen.)

Nach dem Grillen wird das Fleisch gesalzen und anschließend halbiert.

Die Tomaten werden oben kreuzweise eingeschnitten, mit Salz und Pfeffer bestreut und entweder mit dem Fleisch unter den Grill gelegt oder in der Pfanne geschmort.

Im Sommer kann man die Steaks auch im Garten auf den Grill legen.

Es passt auch jedes andere magere Steakfleisch.

Fischfilet „griechisch"

1 kleine Zwiebel
1 kleine Knoblauchzehe
1 TL Öl
200 g Tomaten
Salz, Pfeffer
200 g Seelachsfilet
Zitronensaft
½ Bund Basilikum oder Dill

Die Zwiebel und den Knoblauch in feine Würfel schneiden und im heißen Öl andünsten,

Die Tomaten in Scheiben schneiden und dazu geben. Mit Salz und Pfeffer würzen und 3 Minuten bei milder Hitze dünsten.

Das Seelachsfilet waschen, mit Zitronensaft beträufeln, salzen und Pfeffern und in eine kleine Auflaufform legen.

Die Tomaten und Zwiebeln darüber geben und im vorgeheizten Backofen bei 180°, 20 bis 30 Minuten backen.

Mit Basilikum bestreut servieren.

Fischfilet „griechisch"

Quark mit Oliven

100 g Magerquark
3 Oliven
1 EL Tomatenmark
1 EL gehakter Schnittlauch
Salz, Pfeffer

Die Oliven fein hacken mit dem Quark und
den Gewürzen verrühren.
Dazu gibt es einen Salat.

Gefüllte Schmorgurke

für 2 Personen

1 mittelgroße Schmorgurke
300 g TK Blattspinat, wenn frisch, dann
blanchieren
120 g Tatar
1 EL Frischkäse oder Schafskäse
1 EL Käse, geriebener, 30% Fett
2 Zwiebeln, gehackt
1 Knoblauchzehe, gehackt
1 TL Öl
Salz und Pfeffer, frisch gemahlen,
Paprikapulver, rosenscharf,
Chilipulver oder Chili flocken
etwas Gemüsebrühe
1 Bund Petersilie / Maggikraut=Liebstöckel
etwas Dill frisch oder TK
6 kleine Tomaten, Partytomaten
60 g geriebener Käse zum Überbacken 45 %
2 EL saure Sahne

Die Gurke schälen, halbieren und vom
Kerngehäuse befreien! Mit Chili leicht
bestäuben! Wenn die Schale zart ist, dann
kann die Gurke mit Schale gebraten werden.
Wenn nicht, die Schale mit dem Sparschäler
abschälen.

Die Zwiebeln mt dem Knoblauch in 2 TL Öl anbraten.
Danach alles, (außer den Gurken und dem Käse) in der Pfanne kurz anbraten. Mit Salz, Pfeffer, gekörnter Brühe, Paprika und Chili kräftig würzen, Petersilie und Dill dazu.

Aus der Pfanne in ein Gefäß geben und mit 30 g Käse vermengen, das gibt die Bindung! In der gleichen Pfanne die Gurkenschiffchen unter Zugabe von warmen Wasser leicht blanchieren.

Die Füllmasse in die Gurkenschiffchen füllen und in eine leicht gefettete Auflaufform geben. Die Cocktailtomaten mit Schale zugeben und mit etwas Gemüsebrühe auffüllen.
Mit dem Rest Käse die Schiffchen belegen und ca. 20 Minuten bei 180° überbacken.

Den Sud mit etwas Mehl verrühren, saurer Sahne dazugeben.
Die Tomaten werden beim Servieren leicht angedrückt, so dass sie geschmacklich das I-Tüpfelchen bilden!
Tatar kann auch weg gelassen werden.
Alternative kann Wildlachs oder auch geräucherter Lachs verwendet werden.

Möhrensuppe mit Zucchini

für 2 Personen

750 ml Gemüsebrühe
1 Schale Möhre(n)
1 Tasse gegarte rote Linsen
1 EL Agavendicksaft
Paprikapulver
Salz und Pfeffer
Knoblauch
Currypulver

Möhren schälen und nach Belieben klein schneiden, in Öl andünsten. Mit Gemüsebrühe ablöschen und die Möhren weich kochen. Wenn das Wasser kocht, die Suppennudeln oder Reis dazugeben. Kochen, bis Gemüse und Nudeln gar sind. Abschmecken mit den Gewürzen. Rote Linsen im Verhältnis 1:2 (1 Teil Linsen, 2 Teile Wasser) ca. 8 Minuten kochen

Wenn die Suppe fertig ist eventuell pürieren die Linsen dazu geben.

Tipp:

Geht auch mit anderem Gemüse. Oder mit Reis, dann ist es aber ein Mittagessen.

Eine grob geraspelte Zucchini kann noch gegen Ende der Garzeit dazugegeben werden.

Seelachs auf dem Gemüsebett

200 g Seelachsfilet
1 kleine Zwiebeln
1 kleine Stange Porree
1 kleines Stück Sellerieknolle
1 Kartoffel geschält
1 Möhre gewürfelt
etwas Gemüsebrühe
Salz, Pfeffer, Muskat, Zitronensaft

Den Lachs säubern und salzen. Bratenschlauch auf einem Ende zubinden. Klein geschnittenes Gemüse würzen und hinein geben. Brühe angießen. Bratenschlauch verschließen und von oben mit einer Nadel oder Schere drei kleine Löcher einstechen.

175 Grad (Umluft 150 Grad) etwa 25 - 30 Min garen. Dann genießen.

Seelachs auf dem Gemüsebett

Lachsfilet im Päckchen

für 2 Personen

1 Knollen Fenchel
1 Bund Dill
1 unbehandelte Zitronen
Jodsalz
Pfeffer
Pergamentpapier oder Alufolie
2 St. Lachsfilet ohne Haut (à 100 g)

Fenchel putzen, halbieren, den harten Kern herausschneiden und in Streifen hobeln. Dill abbrausen, Fähnchen abzupfen. Zitronen abwaschen, trockenreiben und in Scheiben schneiden. Lachs abbrausen, trocken tupfen, mit Salz und Pfeffer würzen. 2 x Alufolie vorbereiten, Zutaten darauf verteilen und fest verschließen. An nicht zu heißer Stelle des Grills ca. 12 - 15 Minuten garen.

Rührei mit Mangold

1 TL Olivenöl
2 Eier
4 EL fettarme Milch
250 g Mangold
1 rote Zwiebel
30 g Gouda, gerieben oder Parmesan
1 rote Paprika
Tomatenscheiben
schwarzer Pfeffer aus der Mühle, Jodsalz
nach Belieben frischer Thymian

Zwiebel schälen und in Ringe schneiden. Paprika waschen, putzen und zerkleinern. Mangold waschen, putzen und ebenfalls klein schneiden.

Eier, Salz, Pfeffer, Milch und Thymian Blättchen verquirlen.

Öl in einer beschichteten Pfanne erhitzen. Zwiebeln, Paprika und Mangold darin andünsten. Verquirlte Eier darüber gießen. Tomatenscheiben darauf verteilen.

Käse fein reiben und darüber streuen. Rührei bei schwacher Hitze zugedeckt etwa 3 Minuten stocken lassen.
Dann servieren.

Linsen-Birnensalat

1 Birne
1 kleines Geflügelwürstchen
1 Frühlingszwiebel
1 EL Walnüsse
150 g gekochte Linsen (75 g rohe Linsen)
2 EL Weinessig
1 EL Zucker oder etwas Süßstoff
Salz, Pfeffer

Die Birne und das Würstchen in Scheiben und die Zwiebel in Ringe schneiden. Die Walnüsse grob hacken. Alles mit den Linsen mischen. Mit den Gewürzen abschmecken und eine Weile ziehen lassen.

Kann man auch gut ins Büro mitnehmen.

Lachs-Garnelenspieß

für 8 Spieße

400 g Lachs
Saft von einer Zitrone
8 küchenfertige Garnelen,
1 Zucchini
8 Kirschtomaten
4 Knoblauchzehen
4 TL Olivenöl
2 Zweige Rosmarin
3 EL kcal arme Aprikosenmarmelade
Salz, Pfeffer

Den Lachs waschen, trockentupfen und in 2 cm große Würfel schneiden, mit etwas Zitrone beträufeln. Garnelen waschen, die Zucchini in Stücke schneiden. Tomaten waschen.

Knoblauch schälen und fein hacken. Lachs, Garnelen, Zucchini und Tomaten abwechselnd auf 8 Spieße stecken.

Das Öl mit Knoblauch und Rosmarinnadeln in einer beschichteten Pfanne erhitzen. Die Spieße ca. 6 Minuten von allen Seiten braten. Mit Aprikosenmarmelade und dem restlichen Zitronensaft ablöschen.
Mit Salz und Pfeffer würzen und servieren.

Omelette mit Käse

2 Eier
3 EL Mineralwasser
Salz Pfeffer
1 Tomate
½ Paprikaschote
1 Frühlingszwiebel
1 EL gehackte Petersilie
1 TL Butter
2 EL geriebener Käse (45 %)

Eier mit Wasser, Salz und Pfeffer verquirlen. Tomate, Paprikaschote und Frühlingszwiebel würfeln, mit Salz und Petersilie vermengen. Butter in einer beschichteten Pfanne erhitzen. Eimasse hineingießen, auf schwacher Hitze stocken lassen. Den Käse auf der Oberseite verteilen.

Auf eine Hälfte das Gemüse geben. Das Omelette zusammenklappen.

5 Minuten mit wenig Hitze in der Pfanne lassen. Dann servieren.

Einfache Broccoli Cremesuppe

für 2 Personen

½ Bund Suppengemüse
300 g Broccoli
3/8 Liter Wasser
1 Knoblauchzehe
1 Zwiebel
50 ml Sahne
1-2 EL Frischkäse
Salz und Pfeffer, Muskatnuss

Zwiebel und Knoblauch kleinschneiden und in einem Topf glasig dünsten, so dass sich die Aromen entfalten können. Das Suppengemüse klein schneiden und zu den Zwiebeln und dem Knoblauch geben. Die Hälfte des Wassers abgießen. Den Broccoli waschen, putzen und die Stiele entfernen. Die Broccoli-Röschen ins Wasser geben.
Das Gemüse etwa 15 Minuten köcheln. Die Suppe nun vom Herd nehmen und mit dem Zauberstab cremig pürieren. Nun die Suppe mit Salz und Pfeffer abschmecken.
Zuletzt 100 ml Sahne in die Suppe geben, durchrühren und nochmal für 1 Minute bei ausgestellter Herdplatte durchziehen lassen. In die Mitte der Broccoli Cremesuppe einen

kleine Löffel frischen, kalten Rahm geben.

Tipp::

Eine herzhafte, fettarme und vollwertige
Broccoli Cremesuppe, die sowohl als
Vorspeise als auch als Hauptspeise geeignet
ist. Diese Broccoli Cremesuppe ist blitzschnell
fertig und kostet nicht viel.

Anstelle von Brokkoli können auch folgende
Gemüsesorten verwendet werden:
Blumenkohl
Zucchini
Kartoffeln mit Lauch (dann als Mittagsrezept)

Lecker schmecken auch kleine Hackbällchen.

Ich nehme immer frischen Knoblauch, der
riecht nicht ganz so stark.

Broccoli Cremesuppe mit Parmesan

für 2 Personen

250 g Brokkoli
3/8 Liter Gemüsebrühe
1 TL Saure Sahne
1 TL Parmesan
1 TL Pinien Kerne
Salz und Pfeffer

Den Brokkoli putzen, klein schneiden und in der Gemüsebrühe 5-8 Minuten garen, saure Sahne unterrühren.
Nach Bedarf mit dem Zauberstab grob pürieren. Wenn man es ganz fein und cremig mag, dann länger pürieren. Mit Salz und Pfeffer würzen.

Auf einem Teller anrichten und mit Parmesan und Pinienkernen bestreuen.

Gemüsesuppe mit Tomaten

für 2 Personen

Suppengemüse, Karotten, Lauch
3/8 Liter Gemüsebrühe
1 TL Saure Sahne
3-4 Tomaten, Tomatenmark
geriebener Feta

Karotten oder Suppengemüse in der Brühe weich kochen. Die Tomaten klein schneiden und mit dünsten.
Mit Brühe und Tomatenmark abschmecken und mit dem Zauberstab pürieren. Feta darüber streuen.

Tipp:

Mit weniger Flüssigkeit, kann diese Suppe wunderbar als Nudelsoße verwendet werden.

Lauchsuppe

für 2 Personen

3 Stangen Lauch
1 Gemüsezwiebel
100 g Rinderhack
1 Bund Suppengemüse (3 große Möhren, 1 kleines Stück Sellerie
1 Stück Petersilienwurzel
100 g Frischkäse
1 Liter Instantbrühe - natriumarm
Muskatnuss

Suppengemüse und Petersilienwurzel klein würfeln und in ca. 1/4 Liter Wasser weich köcheln.
Zwischendurch evtl. eine Tasse Wasser dazugeben.

Die Gemüsezwiebel grob kleinschneiden und mit dem Hack in einem großen Topf anbraten.
Lauchstangen in Scheiben schneiden.

Den Lauch zum Hack und ca. 1 Tasse Wasser dazu geben. Deckel drauf, Temperatur halbieren und so lange köcheln lassen bis der Lauch die richtige Konsistenz hat.

Wenn das Suppengemüse weich gekocht ist, Instantbrühe, Muskatnuss und den Frischkäse dazu geben und mit dem Zauberstab pürieren.
Das pürierte Gemüse mit in den großen Topf geben und alles gut verrühren.

Sehr sättigend, schön sämig, eine wunderbare Suppe für den Abend!

Seit bitte am Anfang etwas sparsam mit der Flüssigkeitsmenge. Wenn ihr nach dem pürieren seht dass die Suppe zu dick ist, könnt ihr immer noch Flüssigkeit nachgeben. Lieber zum Schluss mit Flüssigkeit aufstocken als am Anfang verwässern.

Linsensalat

für 2 Personen

100 g Tellerlinsen
1 rote Paprika
2 Stangen Staudensellerie
1 rote Zwiebel
frischer Knoblauch
Sojasauce
Balsamico Essig, weiß
Pfeffer aus der Mühle
Petersilie
Paprikapulver
Gemüsebrühe

Tellerlinsen nach Anleitung 30 Minuten in Wasser kochen, im Verhältnis 3:1 = 1 Teil Linsen auf 3 Teile Wasser und zum Schluss salzen.
Paprika waschen, putzen und würfeln, Staudensellerie in feine Streifen schneiden.
Rote Zwiebel in feine Streifen schneiden.
Aus Balsamico, Sojasauce, Knoblauch und Kräutern ein Dressing herstellen.
Die abgekühlten Linsen, mit Paprika, Zwiebeln und Staudensellerie vermischen und das Dressing dazugeben.
Mindestens 3 Std. durchziehen lassen, danach mit der Gemüsebrühe nachwürzen.

Den fertigen Salat mit frischer Petersilie bestreuen und servieren. Beim Abschmecken ruhig großzügig sein, die Linsen nehmen richtig viel Gewürze und Kräuter auf.

Tipp:

Als weitere Zutaten eignen sich: Thunfisch, Feta, Gegarte oder geräucherte Putenbrust, Geriebener oder gewürfelter Käse, Kleine Tomaten

Anstelle von Tellerlinsen kann man alternativ nehmen: Rote Linsen, Beluga-Linsen oder Schwarze Linsen

Gefüllte Paprika mit Thunfisch

1 Dose Thunfisch im eigenen Saft
2 rote Paprika
1 Gemüsezwiebel
1 Möhre
2 EL saure Sahne
1 EL Olivenöl
Schnittlauch, Petersilie
1 TL Instant Brühe natriumarm
Salz, Pfeffer(grob), Chiliflocken

Paprika der Länge nach aufschneiden, so dass 2 "tiefe Schiffchen" entstehen. Die kleineren Teile würfeln, die Hälfte der Gemüsezwiebel auch kleinwürfeln. Die Möhre grob raspeln.

Den Thunfisch in ein Sieb geben und das Wasser abtropfen lassen. Wen der Thunfisch abgetropft ist in eine Schüssel geben.

Die kleingeschnittene Zwiebel, die Paprikawürfel, die geraspelte Möhre und die saure Sahne mit zum Thunfisch geben. Mit den Kräutern, Salz, Pfeffer, Instantbrühe und Chiliflocken gut vermischen und die Paprikahälften damit füllen. Die 2. Hälfte der Gemüsezwiebel in Streifen schneiden und die Paprika damit belegen.

Eine Auflaufform mit Alufolie großzügig auslegen. Einen TL Olivenöl in die Form geben und verteilen. Die gefüllte Paprika in die Form setzen. Reste der Thunfisch-Masse mit dazu geben. Die Alufolie verschließen und bei 225° auf mittlerer Schiene ca. 45 Minuten garen.

Ca. 15 Minuten vor Ende der Zeit die Alufolie öffnen, damit das Gemüse noch ein wenig anschmoren kann und Farbe bekommt.

Tipp:

Zur Thunfisch-Masse könnt man auch noch ein wenig geriebenen Käse geben, oder Käse über die Paprika streuen.
Ich habe, um Fett zu sparen, den Käse weggelassen.

Puten-Wurst-Salat

für 2 Personen

240 g Putenbrust, geräuchert
1 rote Paprika
1 Möhre
1 Zwiebel
grober Pfeffer, grobes Salz, Petersilie,
Schnittlauch
1 EL Essig
150 ml Joghurt 1,5%

Putenbrust in feine Streifen schneiden
Paprika in feine Streifen oder Würfel
schneiden Möhre grob raspeln. Zwiebel
halbieren und auch in feine Streifen
schneiden.
Aus Joghurt, Essig, und Gewürzen ein
Dressing herstellen und alle Zutaten gut
vermischen.
Optimal ist den Salat 1 Std. durchziehen zu
lassen.

Varianten: Radieschen, Gewürzgurken,
Tomaten.

Zwiebelkuchen ohne Boden

für 4 Personen

3 Gemüsezwiebeln
4 Tomaten
250 g Magerquark
2 Eier
100 ml Mineralwasser
grober Pfeffer, grobes Salz Petersilie,
italienische Kräuter
1-2 TL Instant Brühe, natriumarm
100 g geriebenen Käse
1 EL Olivenöl

Die Zwiebeln halbieren und in Scheiben schneiden und in dem Öl glasig dünsten. Mit etwas Wasser ablöschen. Quark, Eier, Kräuter und Instantbrühe verquirlen und ca. die Hälfte des geriebenen Käse unterrühren. Das Mineralwasser dazu geben und auch verrühren. Keine Angst, weil der Quark zu dünn ist. Die gedünsteten Zwiebeln in eine Auflaufform geben. Die Quarkmasse darüber verteilen.

Tomaten in Scheiben schneiden und wie auf einer Pizza auf die Quarkmasse legen. Den restlichen geriebenen Käse verteilen.

Mittlere Schiene im Backofen, bei ca. 30 Minuten 180°, danach ca. 15 Minuten 225°

Macht sehr satt!!

Karotten – Selleriesalat, gekocht

1 kleine Sellerieknolle
1 Apfel
3-4 Möhren
½ Zwiebel(n), feine Würfel
1 EL Balsamico, weiß
2 EL Öl (Walnussöl)
⅛ Liter Wasser
½ TL Meersalz
1 TL Meerrettich aus dem Glas
1 EL Petersilie, gehackt
Gemüsebrühe, Pfeffer

Karotten schälen und in feine Scheiben schneiden. In einem kleinen Topf mit ca. 100 ml Wasser und ein wenig Gemüsebrühe ca. 10 Minuten auf kleiner Flamme köcheln lassen. Danach abgießen, abkühlen und die Brühe für die Marinade auffangen.

Ganze Sellerieknolle mit Wasser u. Salz kalt aufsetzen, zum Kochen bringen und weich kochen. (Kann auch schon am Tag vorher gemacht werden).

Apfel und Zwiebel in feine Würfel schneiden. Eine Marinade aus den übrigen Zutaten herstellen.

Das gekochte Gemüse, einschließlich dem

Kochwasser, dazugeben, durchmischen, abschmecken, über Nacht ruhen lassen. Vor dem Servieren die Petersilie unterheben.

Tipp:

Schmeckt auch warm.
Der Salat kann durch gekochte Eier, gewürfelten Käse oder geräucherte Putenbrust ergänzt werden.

Wer Meerrettich gerne mag, darf auch gerne 1 TL extra dazu geben.

Putenkeule aus dem Bratenschlauch

für 2 Personen

1 Putenkeule
Salz, Pfeffer, edelsüßer Paprika
2 EL Senf

Putenkeule Pfeffern salzen, Paprika edel süß (weitere Gewürze frei nach Geschmack) und mit Senf bestreichen, in den Bratenschlauch, diesen zuknoten, 4-5 Löcher mit der Schere machen und bei 200° für ca. 70 - 80 Minuten in den Backofen.

Dazu gibt es Tomaten-Sauerkraut

Tomaten-Sauerkraut

für 2 Personen

500 g Sauerkraut
1 rote Paprika
1 mittelgroße Zwiebel
1 Dose gehackte Tomaten
Gemüsebrühe, natriumarm
Kreuzkümmel
1 EL Apfel Dicksaft

Sauerkraut in einem Sieb abtropfen lassen. Zwiebel und Paprika würfeln und glasig andünsten. Mit etwas Wasser und 1/2 TL Gemüsebrühe ablöschen. Nach dem Ablöschen das Sauerkraut, die gehackten Tomaten mit etwas Kreuzkümmel Apfel Dicksaft dazu geben.

Herd auf halbe Temperatur herunter drehen, Deckel darauf und ca. 20 Minuten leicht köcheln lassen. Zwischendurch immer mal umrühren. Kein Wasser mehr dazu geben.

Schnitzel mit Paprikasoße

je 1 rote und 1 grüne Paprikaschote
1 TL Butter
50 ml Brühe
1 Schweineschnitzel ca. 150 g
1 EL Öl
Salz, frisch gemahlener Pfeffer und Edelsüßer Paprika
200 g grüne TK Bohnen
1 TL Butter

Paprikaschoten würfeln, die Butter in einer Pfanne schmelzen lassen und Paprikawürfel dazugeben, salzen und pfeffern, die Brühe zugießen und zugedeckt 15 Minuten dünsten lassen. Die grünen Bohnen in Salzwasser garkochen.
Inzwischen die Schnitzel klopfen und mit Pfeffer und Paprikapulver von beiden Seiten würzen, dann im heißen Öl scharf anbraten, bei mittlerer Hitze noch 5 bis 10 Minuten braten. Paprikawürfel mit dem Zauberstab pürieren, anschließend durch ein Sieb passieren und zurück in die Pfanne geben. Cremig einkochen und würzig abschmecken. Von den Bohnen das Wasser abgießen und die Butter unter die Bohnen geben, schmelzen lassen, mit Salz und Pfeffer abschmecken. Die Schnitzel salzen, mit der

Soße und den grünen Bohnen auf einen Teller geben und servieren.

Frühling-Hähnchenpfanne

für 2 Personen

2 Hähnchenkeulen
3 EL Sojasoße
schwarzer Pfeffer frisch gemahlen
1 TL Majoran
300 g junge Möhren
100 g Zuckerschoten
1 EL Öl
1/8 Liter Brühe
Salz
evtl. ½ Handvoll frische Majoran Blättchen

Hähnchenkeulen kalt waschen und trockentupfen. Sojasoße, Pfeffer und Majoran verquirlen, die Hähnchenkeulen damit einstreichen. Die Möhren putzen und in Scheiben schneiden.

Zuckerschoten waschen und quer halbieren. Das Öl in einer großen beschichteten Pfanne heiß werden lassen und die Hähnchenkeulen von beiden Seiten braun anbraten. Die Möhren dazugeben mit Brühe ablöschen, alles 35 Minuten köcheln lassen. Dann die Zuckerschoten einrühren und noch etwa 10 Minuten mit garen. Probieren ob das Hähnchen weich ist. Alles abschmecken und den Majoran aufstreuen.

Dann servieren.

Man kann auch andere Gemüsesorten verwenden. Z.B. Zucchini, Kidneybohner, Maiskörner, Broccoli oder Tomaten. Wer es mediterran möchte, nimmt anstatt Majoran lieber Thymian.

Mit Reis oder Kartoffeln wird die Hähnchenpfanne zu einem sättigenden Mittagsessen.

Putenfilet mit Rosenkohl

200 g Putenfilet
4 Wacholderbeeren
grob gemahlener schwarzer Pfeffer
250 g Rosenkohl tiefgefroren
50 ml Gemüsebrühe
1 Apfel z.B. Jonathan
1 EL Butterschmalz oder Öl
Salz, etwas geriebene Muskatnuss

Das Fleisch in mundgerechte Würfel schneiden. Wacholderbeeren im Mörser zerdrücken, mit Pfeffer mischen, die Fleischwürfel damit bestreuen und vermischen. Den Rosenkohl in Brühe 15 bis 20 Minuten weich dünsten. Gegen Ende der Garzeit die Äpfel vierteln und vom Kerngehäuse befreien, in dicke Spalten schneiden.

Das Butterschmalz in einer Pfanne erhitzen. Die Apfelspalten darin von beiden Seiten ½ Minute braten. Herausnehmen und beiseite stellen.

Dann das Fleisch im heißem Schmalz scharf anbraten. Hitze reduzieren, Rosenkohl und die Brühe dazugeben, kurz aufkochen. Abschmecken, mit Apfelspalten anrichten.

Putenfilet mit Rosenkohl

Schnitzel mit Eier Soße

1 Ei
2 EL Schnittlauch
1 EL Joghurt-Salat-Creme ca. 30 g
1 EL Schlagsahne
etwas Currypulver nach Bedarf
Salz
frisch gemahlener schwarzer Pfeffer
etwas Zucker
1 Schweineschnitzel ca. 150 g
Mehl zum Wenden
1 TL Öl

Das Ei hartkochen, abschrecken und in einer Schüssel mit der Gabel zerdrücken Den Schnittlauch in feine Röllchen schneiden, die Hälfte davon zu dem Ei geben.

Die Joghurt-Salat-Creme mit der Sahne und dem Curry glattrühren und unter das Ei mischen. Mit den Gewürzen abschmecken.

Das Schnitzel etwas flach klopfen. Salzen und pfeffern und von beiden Seiten im Mehl wälzen. Das Öl in einer beschichteten Pfanne erhitzen, das Schnitzel darin von jeder Seite 5-7 Minuten braun braten.

Mit der Eier Soße servieren und mit den restlichen Schnittlauchröllchen bestreuen.

Dazu passt Gurkensalat

Chili con carne

Für 4 Personen

1 Gemüsezwiebel (ca. 350 g)
1 Knoblauchzehe
je 1 grüne und rote Paprikaschote
(à ca. 150 g)
1 EL (10 g) Öl
400 g Beefsteakhackfleisch
Salz, schwarzer Pfeffer,
1 EL Edelsüß-Paprika,
1 EL Chilipulver
250 g Kirschtomaten
1 Dose (212 ml; Abtr.gew.: 140 g)
Gemüsemais
3 EL (à 16 g) Tomatenmark
400 ml Gemüsebrühe (Instant)
200 g passierte Tomaten
1 Bund Petersilie

Zwiebel und Knoblauch schälen und in Streifen schneiden. Paprika putzen, waschen und klein schneiden. Öl in einem Topf erhitzen. Zwiebel und Knoblauch darin andünsten. Hack und Kartoffeln zugeben und kräftig anbraten. Mit Salz und Pfeffer würzen. Tomaten waschen, putzen und halbieren. Mais abtropfen lassen. Paprika und Mais zum Hack geben, kurz mitbraten. Tomatenmark zugeben und anschwitzen. Brühe und passierte Tomaten angießen. Tomaten zugeben, mit Salz, Pfeffer, Paprika- und Chilipulver würzen. Bei schwacher Hitze 15-20 Minuten schmoren. Petersilie waschen, trocken tupfen, etwas zum Garnieren beiseite legen, Rest hacken. Chili con carne mit Petersilie bestreuen und garnieren.

Tipp:

Anstelle von Beefhack habe ich 150 g Nackensteak gewürfelt und scharf angebraten. Das war auch sehr lecker.

Bei diesen Rezepten kommt kein Hunger auf.

Nun wünsche ich ihnen viel Erfolg beim Nachkochen und Abnehmen, Ihre Gisela Kurfürst-Meins.

Emmy
Ein langer Weg zum Glück

140 Seiten
ISBN: 978-3-7322-4275-7

Mohrly
Ein kleiner Kater sucht seine Familie

152 Seiten
ISBN: 978-3-7322-4108-8

Felix und seine Abenteuer

140 Seiten
ISBN: 978-3-7322-4182-8